JN438277

달빛을 훔쳐 허기를 채우다

시와문화 시집 60

달빛을 훔쳐 허기를 채우다

김정순 시집

시와문화

■ 시인의 말

어쩌다
중심을 잃었을까
아픈 손가락이
자꾸 신경 쓰인다

2022년 2월 김정순

|차　례|

2부 : 신호 대기 중

3부 : 봄바람

4부 : 탱자 꽃

1부

바람길

우리가 우리를 아프게 할 때

수직으로 내리꽂는
비에 맞는다

수직은 사선이 아니다
수직은 칼날이 아니다
그렇지만 아프다

돌고 돌아서 능선을 타고
원을 그리는 비에도 맞는다

물방울이 되는 비를 안다

네 눈에 고이는
눈물을

잡초

진달래, 수선화, 장미…
꽃으로 피고 싶었던
잡초

밟고 지나간 생채기
아문 딱지
가시처럼 걸려도

조각난 생의 퍼즐 맞추는 일
이 계절의 몫이어서
비명 한번 지르지 못한다

발길에 구겨진 이력으로
한적한 변방으로 밀려날수록

밟혀 더 단단해지는
꽃의 촉수가 길어진다

입이 쓰다

입에서 튀어 나간 말
탁구공 되었다가
뒹굴다가
문틈에 끼고

귀의 심장은 얼음이 된다
소리 지르지도 못하고
말랑한 가슴
찰싹 벽에 붙인다

무엇이 되어보리라 했던
일탈, 균열
그리고 비웃음
수많은 손가락이 머리끝을 당긴다

눈멀고
귀먹고
입만 여는 붕어처럼
흩어지는 소리를
주섬주섬 집어들고

문틈을 나온다

입이 쓰다

간격

늘 닫혀 있을 거라고
생각한 문
그 문 안에만 서 있는 너
포물선을 그리는
차가운 마음들
눈빛은 흔들리고

결코, 가질 수 없는
투명한 빛
발밑에서 바스락거리던
나뭇잎의
비상을 바라본다

순식간에 흘러간 시간
다시, 또 봄은 왔는가
물오른 수양버들의 손짓

좁혀지지 않는 간격
습관이다

바람길

눈앞이 캄캄한 날
살짝 눈을 돌리면
바람이 하르르

서늘한 밤공기처럼
순간, 등 돌리고 싶어질 때

잠깐,
아주 잠깐이라도
마음의 창문을 열어
바람길 만들자

가시 박히고
뿔난 언어
벽처럼 느껴질 때

풍선의 바람 빼듯
마음의 쪽문을 열어
바람길 만들자

통증

안개 속인 듯
미로인 듯
평생 찾아 헤매도
원인을 알 수 없다

수천 킬로미터를 달려와
우주 어디쯤에서
물 위를 떠다니거나
씨앗으로 흙에 파묻히거나

혹은 인간의 이름 하나 얻어
겨우 가까워졌다가
우주 한복판 어디에서
서로 영영 멀어졌다가

그래, 가끔은 낯선 도시에서
만난 적 없는 사람과
이름을 지우고
기억을 지우고
눈 덮인 세상으로 살았으면

그랬으면 좋았을 걸

사진을 찍는다
살짝 올린 입꼬리
반짝 빛나는 눈

사진 찍는다
아, 네 좋습니다
남자도 따라 웃는다

지쳐 있어도
담벼락을 기어오르는 것처럼 힘들어도
사진 찍을 때처럼
웃어주고
눈 감아 줄 걸

장마

구름 안에 숨겨진 길
먼 길 달려와 팽팽한 숨을 쉰다

언제 사라질지 모를 구름 속
둥근 언어들
뜨거운 기둥으로 풀어놓는다

이탈한 언어들 길을 잃고
불완전한 몸으로 숙주를 찾는다

구름 속에 가둔 계절이
무한히 피고 진다

빽빽한 숲길에 다른 계절 채워 넣으면
완전한 우주의 씨앗을 받아올까

흐트러진 물안개 모아
맑은 하늘에 창문을 내고 싶다

어떤 색

어떤 모양이
내일을 빚어낼까

장마가 끝나면

큰 사랑

생명의 시작은 점
그 한 점이 시작된 순간

눈부신 햇살 받아먹으며
제 어미의 넘치는
기쁨 받아먹으며
살아있는 모든 생명의
축복을 받으며

세상천지의 일들을
기록이나 하듯
조금씩 커가는 점
우주를 향해 손짓한다

한 생명의 탄생
거룩함으로
무릎을 꿇는다

고요한 눈

깊은 바다 속이었을까
깊은 산속 새의 눈이었을까

그리움으로 등은 구부러지고
그의 숨결은
둥근 능선을 타고 찾아온
첫 경험
클라이막스

지우려야 지워지지 않는
그날의 허망한 구름
숨결처럼 흩어지고

생사가 엇갈리는 사지에서
마지못해 걸음을 옮기는
나는 세상의 이방인

언제나 처음처럼
시작하고
또 시작하는

봄날, 사과꽃이 웃는다

여린 잎사귀의 수런거림은
봄을 눈뜨게 한다
꽃망울 터지는 소리
여기저기 들린다

어머니 탯줄에서 떨어져 나온
그날, 바람은 유난히
엄마 곁을 서성였다고 한다

이맘때가 되면
그래서 바람이 자꾸 문틈을 넘어
안부를 묻곤 한다

바람이나 쐬러 갈까?
친구가 바람처럼 날아왔다

매서운 칼바람에도 끄떡없었는데
꽃피고 싹트는
봄바람이 불면 와르르 무너지곤 한다

차창 밖으로 사과꽃이 하얗게 웃는다
옛날의 너처럼 그렇게 웃는다

가슴 한켠 무거운 돌멩이 같은 너
오늘은 내려놓기로 한다

이글대는 철쭉꽃 불을 질렀으므로
벌건 불에 데고 말았다
나는,

하얀 악몽

한숨을 받아먹는 하얀 악몽이
때로는
완벽한 모습의 틀에 갇혀 있다
아무도 모른다

무심코 던진 하얀 말
억새는 솜털처럼 흩날리고
실타래는 엉킨 것을

누군가를 기다리던 습관으로
비밀번호를 누른다

가끔은 간절했던 사랑도
하얀 낮달에 걸려들 때가 있다

까닭 없이 흔들리는 하얀 말

2부

신호 대기 중

너는 경전이다

하늘이 문을 열어 두었다
오랜 고통이 쏟아진다
비처럼 쏟아진다

풀지 못한 경전이
빗속을 떠돈다

외딴 곳 무녀의 집
무녀의 흐린 눈빛이 흔들리듯
불빛이 흔들린다

빗속을 뚫은 경전이
풍경을 해독한다
젖은 나뭇가지의 울음

어제도 그랬고
내일도 그럴 것이다

한 치 앞도 보이지 않는
흑채 같은 문장처럼

말모이 1

하늘이 물속에 들어왔다
생각을 볕에 말린다

달빛을 훔쳐
말의 허기진 배를 채웠다

갓난아이처럼 웅크리고
언덕 굽은 등으로 견디며
흰 달빛 모셔왔다

흐릿해진 시야에 겹치는
자음과 모음들
허리 굽은 노송의 역사를 쓴다

말모이 2

깊게 패인다
구름 한 조각 씹고 또 씹고

무겁게 껴안은 비명
이미 말라버린 눈물샘마저 상실한 채

은밀하게
혹은 오묘하게 짓누르는
무던함의 감성

아득하기만 하다
혼미해진 문자가 바윗덩이에 깔린다

무엇인데
그 무엇이 있었는데

반짝이는 문장 하나만 와 줘도
그 존재만으로 감사하는 날

삶은 더 뜨거워지리라

안식처

길들여져서일까
편안함 때문일까
여행 갔다 돌아오면 역시
내 집이 최고!

편안함에 익숙해진
눈감고도 그릴 수 있는
이십여 년 구석구석 누빈 곳

아파트 단지 입구에 들어서면
안도의 숨을 쉰다
헐렁한 수면 잠옷 입은 것처럼

이상한 나라

뙤약볕에 그을려
빈 몸으로 떨고 있는 숲

빛이 내려앉은 빈터 오솔길
살기 위한 몸부림으로
물을 찾아 나선 물고기 고개를 틀고

옆 도랑에는 실뱀이
요리조리 숨을 곳 찾아 기웃거린다

어서 피해
사람들 발걸음 소리
크고 작은 무리들
손목을 잡아끄는 소리
바람에 날린다

숲을 찾아온
아이들 재잘거리는 소리
자동차 쿨럭쿨럭 기침 소리

응석마냥 받아주고
주름진 치맛자락 펼쳐 햇빛을 막는다
바람 없는 세상으로

황금마을

영산강 물줄기 흐르고
강둑에 봄 벚꽃 흐드러지는
한번 가보면
다시 가고 싶어지는 황금리*

온 동네 가족처럼 맞아주고
대문도 경계도 없는
누구나 찾아가도
반갑게
"들어오세요"
인상 좋은 사람들이 있는 곳

텃밭에서 풀을 뽑다가
흙 묻은 손 쓱쓱 비비며
"어디서 오셨소"
시원한 물을 나눠 주는 곳

오늘처럼 지칠 때 생각나는 곳
다시 가고 싶은 마을
황금리

해질녘 하굣길에 반갑게
맞아주시던 내 어머니 같다

*전남 담양군 수북면 황금리 : 전우치가 황금대들보를 가지고 날다 떨어뜨려 지금까지 찾지 못했다는 전설이 있다

난로

내 몸 뜨거운 줄 모르고
새카맣게 타 가는 줄 모르고

밤새워 지켜준 정도 없이
긴 막대기로 내 속을 쑤셔대더니

타고 남은 재까지 모두 쓸어가네

속은 후련하지만 텅 비어 썰렁하고
바람만 들락날락

그래도 뭐 괜찮아

내 몸 뜨거운 날
내 품에서 나온 고구마

온 가족 꽃잎 같은 입술
호호 불며 맛있게 먹었으면 됐지

뜨거운 커피

그늘진 문을 당긴다
습관적으로 켜 둔 레이더가
향하는 곳은 늘 같은 자리

뜨거운 태양이 물속에서 허우적거리면
불쑥 튀어나오는 소리
얼음 하나로 식어 내린다

목줄을 타고 입가엔
미소가 흐른다

차곡차곡 쌓아둔 빈 껍데기들
다시 접는다
혼자 거니는 거리의 창문은
닫혀 있고
뜨거운 커피는 아직도
반이나 남아 있다

굿 샷

멋지게 쏘아 올린 작은 공이
눈앞에서 사라진다
잔디를 밟을 때 흔하게 있는 일

원인은 찰나에서 온다
몸을 돌려 날아간 공 끝이
보이지 않아도
찾아 나서는 발걸음 뒤에는
붉은 심장의 공이 녹색 가운을 걸치고
반길 때도 있지

한발 늦어 조각난 인연이
언젠가 먼 길을 돌아 다시 오고
한 줄의 시도 쓰기 힘들어
집어던진 언어가 온 방을 떠다닐 때도 있다

사라져 없는 순간 씁쓸하게
채를 챙겨 돌아오는 길
깊은 숨을 뱉어내며
다하진 못한 웅덩이에서 몸을 뺀다

충장로 우다방

잘 자요
꿈속에서 만납시다
장소는
충장로 우체국 앞
우다방 앞에서 만납시다

겨울이면 얼음 바닥 오래가던
자동차 없는 거리 충장로
유난히 많은 눈 내리던
그 겨울 우다방 앞

한 칸 두 칸
계단을 오르며
하나 하나 흔적을
밟는다

우다방은 지금도 계속된다

벽

앞에 있는 네모 상자
그것은 나의 집
조금의 빈틈도 허락하지 않는 하루
상자를 가득 채운다

허연 달은 어젯밤에도
침대 속으로 차오르고
아침이면 식탁 위
그림자로 앉아있고

기포처럼 보글보글 기어오르는
네모 위에 또 네모가 노려본다

각이 선다는 것은 무엇일까
던져버릴까
이젠 버려야 한다

타인의 큰 눈이
머릿속에 빙빙 돈다

신호 대기 중

주차장처럼 늘어선 차량
가지도 오지도 못하는 길
신호등 바뀌기만 기다린다

꼬리에 꼬리를 문 행렬
신호등 넘을 수 있으려나 하는데
도마뱀 꼬리 잘리듯 잘리고 말았다

기다려야 하는 것 모른 채
늘 푸른 신호등이 켜진 줄 알고
직진만을 고집했던 날들이 있었다

앞만 보고 달리다
돌부리에 걸려 몇 번씩 넘어졌다
나이 들어 알겠다
때로는 브레이크 밟아야 한다는 걸

마음이 만나는 나이

밥을 먹으며
고기를 씹으며
질근질근
세상 이야기를 씹어 삼킨다
친구의 가르침은 끝이 없다.

건강에 좋은 야채
좋은 식단
더 돈독해지는 관계
세상 속 이야기

나도 알고
너도 알고 있지만
차마 꺼내지 못한 말들

밥 대신 고기 대신
상추에 싸 먹으며
처음 만났을 때 친구의 마음으로
빈속을 채운다

이제는 그렇게 살아야 할 나이
네가 보인다

3부
봄바람

경희네 붕어빵

아파트 입구를 나서면
담 모퉁이에
노란 지붕을 이고
한 여인이 서 있다

그녀는 늘 고개를 숙이고
연신 생의 작업에 몰두 중이다

때론 작은아이가 엄마의 손을 잡고
여인의 마술을 구경하듯
눈을 떼지 않고 바라보기도 한다

목젖을 데우던
아담한 저 울타리가
겨울이 지나면 칭칭 동여진 채로
수레에 실려 처박히겠지

쓸모 없는 몸뚱이로 한구석에서
어린 아이의 맑은 눈동자를
그리워하겠지

찬바람 쌩쌩 부는 겨울 모퉁이
경희네는 따끈한 붕어를 잡고
붕어는 부지런히 살찐 몸을 뒤척인다

꽃과 벌

입술에 묻은 달콤함으로
황홀한 순간

꽃은 벌에게 말했다

죽음은 달콤하고
삶은 쓰디쓴 것이라고

벌은 영영 돌아오지 않았다

떠도는 소문에 의하면
일벌은 일만 하다가
다른 벌에게 여왕벌을 부탁하고
떠났다고 한다

갖가지 꽃이 흐드러지게 피는
봄날에

그대 없는 향기

실체를 알 수 없는 이곳
바람의 향기 새롭다

텅 빈 곳간을 들락거리는
익숙하지 않은 바람

새 이름 문패로 걸고
미완성 그림을 꺼내 색칠을 한다
구석구석 그리움을 그린다

언제나
사라지지 않을 뒷모습
너를 그린다

어머니

어머니가 칼을 뽑아 드셨다
며느리 주려고
냉장고에 넣어 놓으신 수박에 칼을 댄다
무거운 세월의 짓눌림으로
칼을 쥐기조차 힘든 어머니…

수박처럼 고봉 능선을 넘으며 살아온 그녀의
검은 길이 수박껍질에 고스란히 드러나 있다

수박의 흰 속살이 다 드러나도록
어머니는 어설픈 손놀림으로
수박 속을 긁어모은다.
어미 새가 먹이를 나눠 먹이려는 듯…

무심한 척 나는 숟가락으로
어머니가 긁어모은 수박을
뚝뚝 떠 입안에 쏟아 붓는다.

단물이 목구멍을 타고 흐르는 동안
어느새

날 선 시간이 낭창하게 휘어지고
가슴 속 불덩이가 사그러진다

“어서 자그라” 처진 내 어깨를 보셨을까

등 뒤에서 나지막한 어머니의 목소리,
촛불처럼 흔들린다

차라리 기세당당한 목소리였다면
나도 어깨를 높이 쳐들었을 텐데

헐벗은 겨울산 나목처럼
홀로 세월 흘려보내고
등 기대고 말없이 누운 두 여인

언니의 봄날

팽팽한 소리들이 나무와 나무 사이를 오가는 봄날
오랜만에 언니와 나는 마주앉았다

허공을 향해 쏘아 올리는 파도와
모조리 달려들어 소리지르는 물빛에게 메시지를 띄운다

언니의 눈빛이 더 짙어진다

우리는 아무 말 없이
드라마 속에서 바바리 깃을 세우고 걸어나온
남자의 뒤를 따른다

한 올 한 올
풀려 나오는 시간들에게 잎을 달고 꽃을 피워가며
혹은 낙엽 소릴 들으면서
가슴을 뜨겁게 데운다

흔들린 만큼
봄날은 따뜻하다

기억

눈이 쏟아지는 밤길
미끄러졌다
쿵!

도시의 불빛이 얼음이
되는 순간

얕게 깔린 빛 아래
사람도 나무도 보이지 않는다

텅 빈 하늘

공벌레처럼 몸을 돌돌 말아
발을 디뎌 본다

다육아

너 이름은 뭘까
초록 또 초록
나 판을 세워 줄줄이 세웠더니
이파리 위에 이파리
또 이파리
겹겹이
새롭고 신비로운 우주가 핀다

바람 속으로 햇빛 속으로
귀를 쫑긋대며 돌아보는 너
세상 이야기를 듣고 싶어
귀를 주렁주렁 달고 있다

집에 돌아오면 가장 먼저
그들의 귀에 대고
오늘 있었던 얘기를 들려준다

"다육이가 듣던가요 ~?
그럼요
나를 보고 웃으며 듣고 있지요

가끔은 입술을 삐죽이 내밀며
말도 하는 걸요.

언니 왔수 ?”

연극인

입술은 세상을 향해 열려 있고
무대와 마주하는 눈빛은 반짝인다

오늘도 무대에 선 너는
한 올 한 올 실을 뽑듯
저 깊은 세상에서
길어 올린 기억들

입술로
눈빛으로
사방에 흩뿌리며
춤을 춘다

차디찬 무대를 뛰어오르는
발바닥 아래
지나온 흔적이 끈적거린다

어른

아이들의 꿈은 동화처럼 사는 것
그 끝은 언제나 해피엔딩
동화의 마지막 장면도 해피엔딩
아이들 눈으로 보이는 세상은
무지개가 떠 있는 세상

그 아이가 어른이 되어
꿈으로 달려가지만
곧 물거품이라는 걸 알게 된다

무지개처럼 알록달록 아른거리지만
다가가면 모두 사라지고 마는…

나도 그런 적이 있다
그렇지만 항의하지 않는다
다만, 어른이 된 나는
동화를 읽지 않고
동화를 쓴다

집으로 간다

난간을 움켜쥔 채
오르는 지하 주차장 계단
조심조심
꾹꾹 뒤꿈치를 누른다

바깥으로 나오자
갑자기 쏟아지는 소나기에
쿵, 심장이 요동친다

아기 새의 먹이를 위해
힘에 부쳐도 날개를 펴던
파랑새의 집이었던,

지금은 파랑새의 집이 아닌
사람과 사람이 사는 집
부딪치고 부대끼며
실타래처럼 생각이 엉켜 있는 집

분별없이 앞장서고
뜨거워진 눈시울로

본질이 사라진 지 오래된 집

알면서 모르는 척
몰라도 아는 척
가식을 구두처럼 벗는 현관

숨을 고르며 오늘도
뒤꿈치 닳은 가식을 벗는다

깡통

난 늘 진열대 중요한 곳에 있지
누구든 나를 훔쳐가선 절대 안 돼
주인의 허락이 필요한 몸이야

선택은 곧 죽음
머리의 뚜껑 열리고 내장이 흘러내리지

사람들은 나를 핥으며 즐거워하지
그 찝찝한 기분은 아무도 모를거야

이내 해산한 듯 몸이 가벼워지면
바람이 내 몸을 비집고 들어올 자리를 찾지

네 발에 밟혀 납작해지는 날
나의 과거는 끝내 사라지지

간신히 구조의 손길에 닿으면
재활용 더미에서 다시 태어나기 위해
공장으로 가지

그날의 너를 잊는다

들판에 뿌려진 씨앗들
허공을 향해 쭉쭉 기지개를 켠다
하루가 아득해서 무릎을 꿇고 싶었다

쏟아지는 소낙비처럼
억척스러워야 했던 지난날
잊히려던 기억들 더듬는다

다시는 빛이 보이지 않을 것 같던
어두웠던 페이지
한 장 한 장 넘긴다

이제는 딱히 무서울 것도
그리울 것도
아무것도 없다
너를 잊은 지 오래다

우르릉 쾅 우르릉 쾅
번개가, 천둥이 억척스러운 내 가슴 속에서
사투를 벌인다

뒤를 쫓는 말

화장실에서
지난 밤
뱉어 놓은 언어들
말굽처럼 뛰어다닌다

굴절된 수도관에서 쏟아져 나오고
뿌옇게 시야가 흐려진 거울에서
물살처럼
빠른 속도로 튀어나온다

변기 안으로 밀려드는 물에
소리를 내며 양치질하는 손에서
독하게 뱉어낸 말들
쿨럭거리며 재채기한다

변기의 물에 쓸려 내리다가
퀭한 눈동자로 노려 보다가
현관문 앞에 먼저 가
신발을 신는다

길게 혀를 빼문 말들이
세상 밖으로 나가고 있다

재빠르게 뒤를 쫓아가지만
더 빠르게 달아나는 말들

여자, 그 여자

집에만 사는 여자
세상의 소리에
귀를 닫아버린 여자
째깍째깍 시곗바늘 소리만
휘감고 사는 여자

티브이도 보지 않고
쇼핑도 하지 않는 여자
소리 없는 악보 같은 여자

그동안
걸어온 길마저
끊어 버리고
문 닫고
돌쩌귀 달고

누구냐고 물어오면
눈을 부릅뜨고
급기야
머리채를 잡을 것이다

그 여자
그렇지만
입술은 꽃봉오리 닮은
천상 여자,
그 여자

그녀의 수렁

생에 생을 더해
까맣게 그을린 그림자
잊혀가는 삶의 악보를 더듬는다

흔적도 없는 고향 마을
강암댁, 강암양반, 그리고 상우,
쌍둥이, 안부를 묻고
또, 묻고

아마 돌아가셨겠지?
쌍둥이는 시집가서 잘살고 있겠지?
그리고 문득 스쳐 간 남자아이

나무뿌리 속에 뒤엉킨
지나간 세월이 복잡한 그녀
그 집 문 앞에 서서
수몰된 문패를 기억한다

이제는 사라진 고향 마을
구석을 뒤진다.

이쁜이는 어떻게 살까

구름 사이로
새 한 마리 퍼드득 날갯짓한다

자꾸만 눈물 훔치는 밤

4부

탱자 꽃

아가야
- 손녀에게

한없이 따뜻한 날
축복으로 태어난
신비롭기만 한 내 손녀야

네가 온다는 소식에
함박꽃처럼 화사한
네 어미와 아비의 얼굴
처음이었다

외나무다리 건너듯 건너
너를 만나기 한 달 전

노심초사
너의 건강만을 바라고 또 바란다

곧 새해의 동이 트고
네 웃음소리 꽉 차겠지

아가야

고물고물 손가락 발가락 생각하니
가슴이 벅차구나

너를 만나는 날
이 세상 다 가지고 태어날 널
기다리고 있다

봉선화

깊은 속내
좀처럼 보여주는 법 없이
천둥 번개 치던 날도
몸서리치며 버티었는데

만지면 터질까
손대지도 못하고
빈집 뒤뜰을 서성이다
고개를 넘고
길을 놓치고
방향을 잃은 바람

여름 내내 몇 번
피고지고 피고지고 그러다가
넘어지면 일어서고
휘청이다가 끝내
자폭하고 마는 꽃

포장마차에서

헐렁한 점퍼에 모자를 눌러쓴 남자와
머리를 질끈 올려 묶은 여자
문 여닫는 소리
갈기를 세운 말울음 소리

토막 난 비명이 허리춤에 감긴다
허공에 지르는 채찍의 아우성인가

그들의 붉어진 양 볼에서 떨려 나오는 소리인가
'돌아와 거울 앞에 선 내 누이 같은 꽃이여'

긴 겨울밤에 다시 핀
국화꽃 한 송이가
찬 공기에 목젖을 떤다

작아진 남자의 머리가
넓어진 여자의 어깨 너머로 숨는다

펄럭이는 포장마차 밖에서는
때마침 함박눈이 펑펑

탱자 꽃

기억 속을 흔드는 신작로 청춘의 풋풋함이 안개 속에 묻혀 희미해져도 바람 속에 얼굴을 부비며 고개 숙인 노란 들판 생생하다 교복치마는 이슬 담은 이삭에 젖어 먹색 하늘이 되고 바람에 흔들리다가 여름 소낙비에 날아든 흙냄새는 콧속을 후빈다

한숨에 그을린 어머니의 품 방울방울 맺힌 땀방울 스미어 눅눅해진 모시 저고리 어머니 냄새를 좇아 마을 어귀에 도착하면 해와 달이 교차하는 시간 사각사각 파르륵 파르륵 댓잎들 노래 귀를 쫑긋하고 듣던 처녀귀신, 총각귀신, 몽달나무 귀신

혼자 밤길 가다 대밭 길 뛰어 시큼한 즙 쪽쪽 빨던 탱자나무 집마당에 들어서면 어머니는 생의 행간에 가두어진 허리를 펴고 "인자오냐?" 긴 터널 터덜터덜 지축의 무게에 대항하며 한 잎 한 잎 꽃잎을 피워내던 툇마루가 있고 마당 한쪽 장독대 꽃밭 나란히 있는 나의 집 하얀 탱자 꽃 어머니가 웃는다

달맞이꽃

뜨거운 빛을 밟아보자
총알이 없어 죽일 수는 없지
한 번도 걸어보지 않은 길에
한 번도 넘겨보지 않은 책,
아름다운 날의 발자국이 찍힌
풍경을 걸어 볼까
새로운 것에 이름은 지어줘야지
이젠 뜨거운 가면을 벗고
그래, 밤이 오기 전
우리가 키운 나무숲 녹아내리기 전
이름을 달아주자. 천천히
우리의 달 속으로 걸어 들어가면
꽃잎 같은 노란 위성이 흐른다네.
창밖에는 무명 가수의 노래가
흐르고 고대 마한 족장의 구슬이
하늘에 박혀
여름밤을 밀어낸다고 해두자
드디어
층층이 쌓인 어둠 사이로 숨어있던
낮달, 눈을 뜬다

빈 집

1
대문 한쪽 발이 고개를 내밀고 있다
어머니가 저녁밥을 지어놓고 가족을 기다리던 대문
마당 가운데 빨랫줄이 허리를 펴고 누워있다

바람에 싸움질하다 그만 지친 문패는
가자미 눈뜬 채 바라보고
입 벌린 과자봉지는 재갈 물린 듯 눈만 깜박깜박

플라스틱 바구니는 햇빛의 통사정에도 구멍 숭숭
이젠 내어줄 것도 없는 몸이다
바닥을 기던 거미는
어느새 구석구석에 거미를 매달아 곡예를 한다

2
사랑이도
믿음이도
주인 따라 집을 나가 영영
골목길에 보이지 않는다
짝눈을 가끔 떠보는 가로등 불빛도 이내 눈을 감는다

어쩌다 아이가 지나가면
빈 집 대문은 귀 활짝 열고
골목대장 깡통이
어슬렁 어슬렁 보초를 선다

탱자나무 울타리 초가집

산 고개 넘어 외딴집
하늘색 원피스에 빨강 양말을 신고
볼우물 깊게 패인 소녀는
추운 겨울 뜨거운 고구마와 동치미 하나
보기만 해도 배가 든든했다
혼자 놀아도 심심한 줄 몰랐고
하얀 눈밭에 벌떡 누워
양팔을 벌려 도장을 찍고
눈사람 만들다 손 시리면
장날 계란 팔아 엄마가 사다 준
털장갑에 손을 녹이고
두 팔 번쩍 들어
탱자나무 울타리 들어 올렸다
울타리 지나
부엌에 들어가면
엄마는
아궁이에 불을 지피시다가
양손으로 볼을 감싸
몸을 녹여주었다
"아이구 머한디 이라고 돌아다녔냐"

젖은 양말에서 김이 모락모락
가마솥에서 김이 모락모락
어두워진 하늘 위로
그 시절 굴뚝 연기 모락모락

국화꽃

저수지 둑길을 걷는
가을날 아침
마실 나온 샛노란 국화꽃들
옹기종기 모여 있다

저만치 둑길 닦으며 쏟아지는
햇살 속으로 서리 내려앉고
새벽을 기다려
동쪽 해가 뜨면
찬바람에 추운 이파리들
간신히 기지개를 켠다

귀 활짝 열고
눈 크게 뜨고
부리를 부딪치며 국화꽃
삐악거리는 소리 듣는다

차디찬 밤 보내고도 붉어진
입술로 까르르 웃는다

아! 삼인산*

흰 눈이 오래 머무는 곳
삼인산 꼭대기

초등학교 응원가 첫머리에 등장한 삼인산

이래저래 전설도 있지만
담양읍 쪽에서 바라보면
자를 대고 그어 놓은 듯
정삼각형을 이루고 사람인자 세개가 분명한 산
삼인산

'삼인산 정기 받아
서로 손잡고 ~'

목이 터져라 손잡고 응원가 부르던
친구들아
삼인산 가자

*전라남도 담양군 수북면에 있는 산 이름

국화꽃 피는 날

둥글게 부푼 가슴으로
처음 맡은 살 냄새
국화 향기

산천이 등불을 켜 술렁이고
이따금 파도 소리 들리는 곳

피고 지는 서러움에
눈을 감을 수밖에 없던
그 날도
코끝을 간질였던

눈물과 웃음이 번진
야트막했던 앞산
지금
국화 향기 한창이다

무화과

꽃을 피울 수도 없고
씨앗을 퍼트릴 수도 없지만

사탕보다 달콤하고
솜털보다 더 부드러운 몸

당신의 손안에서만
봉긋이 열리는
내 부드러운 꽃잎!

당신을 기다리다
가슴만 빨갛게 타들어 갑니다

멈춤의 끝

컴컴한 터널을
걷는 꿈을 꾸었다
끝이 없는 길
발은 자꾸 헛디뎌 넘어지려 했고
흔들리고 싶었지만
흔들리지 않았다

그러다가
바람 소리에 놀라
휘청거려질 때 알았다
넘어질까 봐
두려울 때
그 두려움으로 휘청거린다는 걸

감정도 없는 사람처럼
감정을 혹사하며 살았다
항상 물음표를 남기며
어쩔 수 없는 상황에서는 끝내
마침표를 찍는다

가장 슬플 때
예상이 빗나갔을 때
칠흑 같은 밤이 내게 와
무심한 척 고개 숙일 때
풀잎마저 어둠에 숨어
아무것도 보이지 않을 때

그래서 스르르 녹아 내릴 때
멈춤,

발바닥

발바닥이 가려워 박박
긁어대다가
발을 뒤집어 보았다

두터운 살에
굵게 패인 주름
문득
갓난 아기의 발바닥이 떠올랐다

얼마나 힘겨운 지탱이었을까
얼마나 짓눌려 힘들었을까

하여, 손바닥 주름만 보지 말고
얼굴 주름만 세지 말고
발 좀 봐달라고 간지럽혀
신호를 보낸다

지금껏 알지 못한
살아온 날이 그곳에
오롯이 남아 있음을 일어설 때 알았다

김장하는 날

삶은 돼지고기 도마에 썰어놓고
대충대충 걸터앉아 막 버무린 김치에
깨를 듬뿍 묻힌 노란속배추 쭉쭉 찢어
찰랑찰랑 막걸리와 달게 삼킨다

“이 맛이지”
“그려~”
“이것이 최고여”

맛있는 수다, 막걸리와 버무리면
이보다 더 좋을 수는 없다

착각

독을 먹고 산다
행복이라는 맛있는 독

저녁 밥상에 넉넉하게 올라온 다음 날

아침 뉴스는 태풍 소식을 알리고
아이들 재잘대는 소리 출렁이고

바랜 시간을 걸어온
병실 침대에
하얀 꽃이 매달려 있다

■해　설

통증을 아우르는 서정의 힘

박 시 영

(시인 · 문학평론가)

1.

시에 대한 정의는 관점에 따라 다양하다. 시의 정의를 사람과 사람 사이에 오가는 소통에 방점을 둔다면, 일반 독자들은 서정시에서 무엇을 기대할 것인가. 어쩌면 마음이 허전하거나 아릿해질 때, 그런 마음들이 녹아 흐르는 말의 강물을 기대하지는 않을까. 말의 강물에 손과 발을 적시다보면 그 강물이 대신 울어주기도 하고, 그러다보면 이내 흥건해진 마음은 깊은 위안을 받기도 하는 그런 언어의 강물을 떠올리게 된다. 그러나 그와 같은 서정시는 현대시에서 쉽게 찾아보기 어렵게 되었다.

현재의 우리 시가 보여주는 서정이란 분열된 주체, 비동

일성의 미학, 반서정 등의 미학을 띠고 있어서 읽을수록 위안보다는 마음이 복잡해지고 시는 어렵다는 생각을 하게 되는 경우가 많다. 그것은 시대가 복잡하고 욕망이 다양화될수록 그것을 담아내는 서정시 또한 계속 진화하기 때문이다. 본래 서정이라는 것은 과거와 미래가 당대의 특수한 경험과 만나, 당대의 감각과 사유를 통해 빚어지는 산물이다. 그래서 우리가 살고 있는 현실세계 속으로 서정은 끊임없이 삼투되며 현재형으로 진화한다. 하여 반서정이라 느껴지는 흐름 또한 우리 시대가 지닌 서정의 특수한 형태이고 본래 서정의 한 유형이며 그래서 자연스런 변화의 흐름인 것이다.

그러나 서정시는 원래 독백의 장르이다. 서정시라고 해서 시적 자아의 감정을 노래하는 얇은 소품이라는 생각은 단정적이다. 인간의 감정을 노래하는 서정은 알 수 없는 거대한 힘이 있다. 그런 서정의 힘은 무엇인가. 그것은 현실에서 이룰 수 없는 자아의 완전한 꿈을 상상력을 통해 세계와 일체화하고 그럼으로써 존재의 근원적 세계를 인식하게 되는 힘이다. 시인은 시적 정서를 통하여 내면의 근원적인 절대적 세계를 지향하고 그리움, 추억, 존재의 아픔 같은 현재적 삶을 뛰어넘을 수 있는 삶의 질서를 꿈꾸게 된다.

김정순 시인의 첫 시집 『달빛을 훔쳐 허기를 채우다』는 삶을 화두로 삼은 시인의 자전적인 경험과 성찰을 통한 시적 정서를 이미지로 형상화한 서정시이다. 그의 첫 시집 『달빛을 훔쳐 허기를 채우다』는 고통 받고 아픈 현실 존재의 모습을 시적 정서로 끌어안으려는 시인의 노력의 결실이다. 시집을 이루는 주요 내용은 이별, 사랑, 아픔, 그리움의 정서이다. 가시 박힌 말들로 인한 아픔, 떠나버린 인연으로 인한 아픔, 결코 닿을 수 없는 절대를 향한 그리움, 그리고 고향과 어머니에 대한 그리움 나아가 이웃의 아픔을 노래하는 그의 독백은 우리의 서정을 건드리면서 곁으로 다가온다. 인간 부재, 인간 상실의 시대에 진솔한 서정시는 사람의 마음을 변화시키고 인간의 영혼을 위로하여 승화시킬 수 있는 힘을 보여준다.

2.

김정순 시인이 살아온 삶의 스펙트럼은 넓고 다양하다. 시인이며 시낭송가이자 음악회 진행자로서 광주디자인비엔날레 개관 축하공연의 사회를 맡기도 한 그는 다수의 지역 음악회를 진행해 온 다재다능한 예능인이다. 화려한 무대의 조명을 받으며 시를 낭송하고 음악회의 사회를 보면서, 이미 그는 관객 앞에서 최고의 환상을 펼쳐 보이려는 예술가이지 않았을까. 그에겐 천분이었을지도 모를 음악회 사회자로서의 활동을 그만둔 후, 그는 예술인과 만났던 인연을 따라 주부연극단에서 연극 활동을 하게 된다. 그러다가 최근에는 극단 '춘풍'을 개설하여 본격 연극인으로 활동하고 있다. 연극 또한 무대 위의 예술이어서 관객의 눈빛 속에서 힘을 주고받는 그간의 활동과 유사한 장르이기도 하리라. 이제 시인은 등단한 지 5년여의 시간이 지나 첫 시집을 선보이고 있다.

이런 결과가 있기까지 시인은 불혹을 훨씬 넘은 늦은 나이에 문예창작학과를 입학해서 늦깎이 대학생으로 시 창작을 공부한 이력이 있다. 그의 이력의 다양함은 그가 얼마나 자신의 삶을 일구기 위해 도전적으로 혹은, 혼신의 힘으로 살아왔는가를 말해준다. 그럴수록 가중되었을 삶의 고달픔을 누군들 짐작할 수 있겠는가. 우리는 인생의 어려운 고비를 넘기 위해서 절대적인 근원의 힘을 찾아 종교에 귀의하거나 깊은 내면의 욕망을 좇아 새로운 변화를 도모한다. 어려운 시기가 찾아왔을 때 그녀를 이끈 것은 시의 세계였다. 고등학교 시절 국어 숙제로 매일 한 편의 시를 암송한 일은, 이 세상 이야기 같지 않은 묘한 시의 세계로 그녀를 이끌었다고 한다. 다음의 시는 시인을 이끄는 근원적 힘의 세계로서의 언어에 대한 열망과 그리움을 형상화한다.

늘 닫혀 있을 거라고
생각한 문
그 문 안에만 서 있는 너
포물선을 그리는
차가운 마음들
눈빛은 흔들리고

결코 가질 수 없는
투명한 빛

발밑에서 바스락거리던
나뭇잎의
비상을 바라본다

순식간에 흘러간 시간
다시, 또 봄은 왔는가
물오른 수양버들의 손짓

좁혀지지 않는 간격
습관이다

-「간격」 전문

절대적 세계를 향한 그리움을 형상화하고 있다. 생명을 살아 있게 하는 가장 직접적인 힘은 욕망일 것이다. 그런데 시인에게 절실한 욕망은 근원적 세계와의 일체를 이루는 정신의 어떤 경지이다. 일상의 현실적인 욕망은 취하려고만 한다면 결코 닫혀 있거나 불가능한 꿈이 아니다. 그러나 시인이 꿈꾸는 '투명한 빛'으로 형상화되고 있는 내면의 지향은 '늘 닫혀 있을 거라고 생각한 문'으로만 다가온다. 닫혀 있기에 쉽게 만날 수 없는 닿지 않는 세계인 것이다.

시에서 '투명한 빛'으로 형상화된 이미지는 바스락거리던 나뭇잎도 비상하게 만드는 것으로 보아 생명을 살아 있게 하는 힘이다. 그러나 시인에게 그 빛은 '결코 가질 수 없는' 것으로만 느껴진다. 잡을 수 없어서 채워지지 않는 갈망으로 시간은 흘러간다. '물오른 수양버들이 손짓'하는 계절이 다시 돌아와도 나는 습관처럼 닫힌 문 앞에 서 있는 것이다.

절대적 세계에 대한 그리움은 시적 자아가 지향하는 근원적인 세계와의 합일이다. 세계와의 일체감이 주는 힘은, 시인에게 황폐하고 뒤틀린 현재적 삶을 뛰어넘을 수 있는 무한한 빛으로 다가온다. 그러나 절대의 세계와 시적 자아 사이에는 '좁혀지지 않는 간격'이 있다. 시인은 빛에 대한 갈망, 그러나 거리가 좁혀지지 않는 '투명한 빛'을 향한 무력감을 '습관이다'라고 절망의 어조로 표현하고 있다.

하늘이 문을 열어 두었다
오랜 고통이 쏟아진다
비처럼 쏟아진다

풀지 못한 경전이
빗속을 떠돈다

외딴 곳 무녀의 집
무녀의 흐린 눈빛이 흔들리듯
불빛이 흔들린다

빗속을 뚫은 경전이
풍경을 해독한다
젖은 나뭇가지의 울음

어제도 그랬고
내일도 그럴 것이다

한 치 앞도 보이지 않는
흑채 같은 문장처럼

-「너는 경전이다」 전문

제목에 등장하는 경전이란 단어는 종교의 교리를 적어놓은 성스러운 말씀을 떠올리게 한다. 시편 속의 하늘, 무녀, 경전, 문장의 이미지 또한 순수, 절대의 세계를 내포하고 있다. 따라서 경전은 앞의 시 「간격」에서 '그 문 안에만 서 있는 너'와 같은 연장선에 있는 개념으로 읽힌다.

시인은 '하늘이 문을 열어 두'어 닫혀 있던 문이 모처럼 열린 순간을 맞이한다. 그런데 무슨 연유인지 그토록 갈망한 하늘이 열린 순간임에도 '고통이 쏟아진다'고 말한다. 그것은 영감의 순간이 찾아왔지만 정작 시인은 경전의 아우라를 지닌 성스러운 언어를 펼쳐내지 못하고 있기 때문이다. 마치 신의 기운을 받은 무녀가 성스러운 정기를 오롯이 받아내지 못해 눈빛이 흐려지는 것처럼.

여기서 경전과도 같은 언어의 세계는 시인이 표현하고 싶은 성스럽고 투명한 빛을 반사하는 언어의 세계이다. 그러나 시인이 꿈꾸는 투명한 빛의 세계에 비해, 시인의 언어는 '한 치 앞도 보이지 않는/ 흑채 같은' 문장으로만 다가선다. 모처럼 하늘이 열리는 영감의 순간에도 그의 노래는 결국 '

젖은 나뭇가지의 울음'만 해독할 뿐이라는 절망스런 자각이 몰려온다. 경전과도 같은 언어를 향한 그리움, 이것이야말로 시적 자아가 세상을 버티고 나아갈 수 있게 한 근원적인 힘의 세계일 것이다. 무너지지 않고 안간힘을 모아 끊임없이 빛으로 향하게 한, 이정표이자 길잡이가 되어주지는 않았을까 생각한다.

3.

시적 자아에게 충만함을 주는 이와 같은 근원적인 힘에의 연결은 늘 한결같지 않다. 삶의 파도에 흔들리는 동안 마음은 반복해서 어둠에 휩쓸리고 만다. 누구에게나 살아가면서 마음의 힘겨움으로 무너지는 순간이 찾아온다. 시인에게는 특히 타인의 말에 찔리는 순간이 그러하지 않았을까. 무엇이 되고 싶고, 하고 싶어 무심코 한 행동들이 타인으로부터 뒷담과 손가락질을 불러오던 순간은 누구라도 공감할 수 있다. 어떤 이는 무던하게 지나치거나 무시할 수도 있겠지만 시인은 누구보다도 타인의 말에 찔리는 고통에 민감하다. 말이란 사람과 사람 사이에 이루어지는 마음의 매개체이고 시인은 누구보다도 그런 마음을 예민하게 의식하는 존재이기 때문이다. 매개체로서의 말에는 힘이 있다. 무게와 부피가 있는 물리적인 힘을 갖고 있어서 말이 때로는 치명적인 폭력이 되기도 하는 것이다.

입에서 튀어 나간 말

탁구공 되었다가
뒹굴다가
문틈에 끼고

귀의 심장은 얼음이 된다
소리 지르지도 못하고
말랑한 가슴
찰싹 벽에 붙인다

무엇이 되어보리라 했던
일탈, 균열
그리고 비웃음
수많은 손가락이 머리끝을 당긴다

눈멀고
귀먹고
입만 여는 붕어처럼
흩어지는 소리를
주섬주섬 집어들고
문틈을 나온다

입이 쓰다

-「입이 쓰다」 전문

시 「입이 쓰다」에서는 타인의 입에서 함부로 튀어 나온 나를 향한 험담을 듣는 순간을 묘사한다. 믿었던 사람들에게서 들려오는 험담, 비웃음은 이해받지 못한다는 고립의 고통과 함께 타인이 단단한 벽으로 느껴지는 순간이 된다. 험담을 늘어놓는 대화를 엿듣는 순간 심장은 얼음처럼 굳어버린다. 문틈에 끼어 새어나오는 말을 듣고 '말랑한 가슴/찰싹 벽에 붙이'는 시간, 그런 순간은 어쩐지 잘못 살아온 것만 같고 타인 앞의 자신이 한없이 작게만 느껴진다. 시인은 그런 비참한 순간의 느낌을 생생하게 형상화하고 있다. 타인의 비웃음은 '수많은 손가락이' 되어 머리끝을 잡아당기고 나는 듣지도 보지도 못한 듯 그 자리를 빠져나온다. '흩어지는 소리를/ 주섬주섬 집어 들고/ 문틈을 나'오는 순간, 이런 순간은 누군들 한번쯤 겪을 수 있는 일이기에 읽는 이의 마음에 여운을 남긴다.

수직으로 내리꽂는
비에 맞는다

수직은 사선이 아니다
수직은 칼날이 아니다
그렇지만 아프다

돌고 돌아서 능선을 타고
원을 그리는 비에도 맞는다

물방울이 되는 비를 안다

내 눈에 고이는
눈물을

-「우리가 우리를 아프게 할 때」 전문

「우리가 우리를 아프게 할 때」는 타인의 가시 박힌 말, 삶이 주는 아픔을 비로 형상화하고 있다. '수직으로 내리꽂는 비'는 타인이 직설적으로 내리꽂는 아픈 말일 수 있겠다. 빙빙 돌려 모나지 않게 원을 그려 말해도 마음이 젖을 텐데 하물며 내리꽂는 비라면 어디까지 깊숙이 젖을까. 우리는 수직의 비에도 맞고 '돌고 돌아서 능선을 타고 원을 그리는 비'에도 맞는다. 마음을 젖게 하고 많은 시간 아프게 하는 그 비는 '물방울이 되는 비'이다. '우리가 우리를 아프게' 하는 수직의 비가 눈물방울의 이미지로 연결되면서 그윽하게 절제된 아픔을 형상화하고 있다.

그러나 시인은 말의 폭력으로 인해 상처받고 아파하기만 하지 않는다. 타인의 날선 언어에 의해서건 삶의 암담한 고통 앞에서건 상처받고 무너지기만 하는 마음을 가볍게 뛰어넘는 모습을 보여준다.

눈앞이 캄캄한 날
살짝 눈을 돌리면
바람이 하르르

서늘한 밤공기처럼
순간, 등 돌리고 싶어질 때

잠깐,
아주 잠깐이라도
마음의 창문을 열어
바람길 만들자

가시 박히고
뿔난 언어
벽처럼 느껴질 때

풍선의 바람 빼듯
마음의 쪽문을 열어
바람길 만들자

-「바람길」 전문

글의 서두에서 말했듯이 서정의 힘이란 현재적 삶을 뛰어넘을 수 있는 삶의 질서를 꿈꾸는 것이다. 근원적인 세계와 일체화된 넉넉한 시적 자아는 어려운 삶의 순간을 성숙하고 가볍게 받아들인다.

시의 도입부는 '눈앞이 캄캄한 날'이라도 '살짝 눈을 돌리면' '바람이 하르르'라고 시작된다. 삶의 어떤 순간에도 가볍고 사뿐하게 다가오는 바람이 존재한다는 것을 '하르르' 라는 이미지를 통해 선명하게 드러내고 있다. 칼날처럼 내리 꽂던 수직의 비에 눈물방울이 되던 마음의 시간도 지나고, 시인은 어느덧 삶에 대한 성찰의 혜안을 보여준다. '가시 박히고 /뿔난 언어/ 벽처럼 느껴질 때' 마음 한켠의 쪽문을 열어 바람이 통하는 '바람길'을 만들자는 말을 건넨다. 아직도 말에 의해 아픈 사람이 있다면 시인이 건네는 이 '바람길'의 지혜를 담아가도 좋겠다. 그리고 마음에 '바람길'을 만들어 위로받고 한결 가벼워지기를 바래본다.

4.

시집 『달빛을 훔쳐 허기를 채우다』에는 통증의 이미지가 다수 형상화 되어 있다. 앞에서 이야기한 타인의 말에 의한 통증 외에도, 삶을 헤쳐 나갈 때의 힘겨움이 주는 통증, 헤어진 인연으로 인한 통증도 나타난다. 어떤 상황에서 비롯된 통증이든 아픔은 인간이 살아있는 한, 인류가 남아 있는 한, 반복해서 부르는 서정의 주제이다. 우리는 치유받기 위해 노래해야 하는 것이다. 가까운 사람과 생사를 달리 해야 하는 경험은 남아 있는 사람에게 화인처럼 깊은 통증을 남긴다. 가까운 사람을 보내야 했던 일처럼 죽음과 깊이 내통한 경험은 세상으로부터 아득히 멀어진 유배자나 이방인이 된 듯한 느낌을 불러온다. 그런 비현실적인 존재감은 내 안의 근원적인 세계와 대면하게 한다. 시인이 늦깎이 대학생으로 시를 만나게 된 일 또한 이런 경험으로부터 이어진 자연스러운 인연이라 생각된다. 시를 쓰는 일은 어디론가 떠나는 일이고 세상으로부터 이방인이 되는 일이다. 가까운 이와의 결별은 시인을 세상의 이방인으로 남겨두었고 결국 시 창작을 통해 매 순간 이방인이 되기를 자처하게 되었으리라. 그리고 그녀의 언어는 메마르고 황량한 세계에서 진실이라 느껴지는 작은 기미를 포착해 이를 서정으로 피워 올리고 있는 것이다.

안개 속인 듯
미로인 듯
평생 찾아 헤매도
원인을 알 수 없다

수천 킬로를 달려와
우주 어디쯤에서
물 위를 떠다니거나
씨앗으로 흙에 파묻히거나

혹은 인간의 이름 하나 얻어
겨우 가까워졌다가
우주 한복판 어디에서
서로 영영 멀어졌다가

그래, 가금은 낯선 도시에서
만난 적 없는 사람과

이름을 지우고
기억을 지우고
눈 덮인 세상으로 살았으면

-「통증」 전문

시인에겐 평생을 찾아 헤매어도 원인을 알 수 없는 통증이 있다. 통증의 원인이 될 만한 이유를 찾아 자신 안으로 파고들다보면 어떤 상상과 만난다. 즉 존재의 기원이 되어 줄 씨앗을 품은 우주 공간의 상상력에 닿는다.

시가 보여주는 상상력에 의하면 생명은 즉, 우주 어디쯤에서 달려온 기원으로서의 씨앗 하나는, 물 위를 떠다니거나 흙에 묻히거나 하면서 생을 얻는다. 어쩌다 그 씨앗은 인간의 몸으로 태어나 세상에서 이름을 얻기도 한다. 이렇듯 우주 한복판에 존재하는 인간이라는 생명은 정처 없이 우주를 떠돌다가, 어려운 확률로 인연이 될 사람을 만난다. 그런 인연은 사랑, 결혼을 통해 평생의 가까운 동반자가 되었다가 이별, 사별로 인해 우주 어딘가에서 다시 영영 멀어지기도 한다. 시인은 여기서 인간이라는 생명은 우주를 혼자 떠도는 우주의 씨앗이라는 상상력을 보여준다. 우주의 무한한 떠돎 속에서 작은 씨앗 같은 인간이 세상에서 소중한 인연을 만나고 헤어지는 일은 우주의 신비이며 기적이다. 그러기에 인간세상의 만남과 헤어짐은 너무나 짧고 소중하다는 선명한 사유에 이른다.

이와 같은 시인의 존재론적 상상력은 '낯선 도시'를 우주의 한가운데로 확장시키는 다음과 같은 표현을 낳는다. '그래, 가끔은 낯선 도시에서/만난 적 없는 사람과' '이름을 지우고/기억을 지우고'라는 구절이 그러하다. 시인은 세상에서 만난 적 없는 미지의 사람 모두 우주 한가운데를 떠도는 씨앗 같은 존재임을 말한다. 때문에 세상을 떠돌다가 사회에서 얻게 된 이름이나 살아온 기억을 지우고 만난다면 우리는 서로에게 모두 귀한 인연이 되는 존재인 것이다. 그러나 시인은 끝내 이름도 기억도 지우지 못하는 결박된 존재, 모순된 존재로서의 자신을 인식한다. 그런 마음의 표현이 결구에서 '눈 덮인 세상으로 살았으면'의 표현으로 이어진다. 행동할 수 없는 소망만을 표현할 뿐이다. 시인의 내면에는 만남의 욕망이 존재하지만 현재적 삶의 결박에서 벗어날 수 없는 것이다. 헤어진 인연에서 비롯된 결핍과 근원적인 존재의 고독이야말로 원인을 알 수 없는 통증이라는 것을 형상화하고 있다.

여린 잎사귀의 수런거림은
봄을 눈 뜨게 한다
꽃망울 터지는 소리
여기저기 들린다

어머니 탯줄에서 떨어져 나온
그날, 바람은 유난히
엄마 곁을 서성였다고 한다

이맘때가 되면
그래서 바람이 자꾸 문틈을 넘어
안부를 묻곤 한다

바람이나 쐬러 갈까?
친구가 바람처럼 날아 왔다

매서운 칼바람에도 끄떡없었는데
꽃피고 싹트는
봄바람 불면 와르르 무너지곤 한다

차창 밖으로 사과꽃이 하얗게 웃는다
옛날의 너처럼 그렇게 웃는다

가슴 한켠 무거운 돌멩이처럼 짓누르던 너
오늘은 내려놓기로 한다

이글대는 철쭉꽃 내게 와 불을 질렀으므로
벌건 불에 데고 말았다
나는,

-「봄날, 사과꽃이 웃는다」 전문

시인의 가슴 한켠을 돌멩이처럼 짓누르는 것은 차창 밖으로 하얗게 웃는 사과꽃이다. 봄바람만 불면 마음을 무너지게 하는 것도 웃는 사과꽃이다. 매서운 세상의 칼바람에도 끄떡없이 건재하였는데 봄바람이 불면 무너지는 것이다. 사과꽃 같은 옛날의 '너'는 유난히 생명의 기운이 동하는 이 계절에 더욱 아른거린다.

그런 옛날의 너를 '오늘은 내려놓기로' 마음먹는다. 봄날의 이글대는 철쭉의 생명력이 시인에게 새로운 생명의 불을 질렀기 때문이다. 만물이 역동하는 비상의 날개를 펼치는 봄날, 시인은 가슴 한켠을 짓누르는 아픔까지도 자연의 생명력을 통해 치유받는다. 그래서 아픔으로 남아 있는 '너'를 내려놓는 것도 봄날이기에 가능해진다. 우리는 시인이 들려주는 독백의 형식을 빌린 서정을 통해 헤어진 인연이 주는 결핍의 통증과 그 통증을 내려놓는 법을 배운다. 그리고 '젖은 나뭇가지의 울음'(「너는 경전이다」)으로도 모두 풀어낼 수는 없는 그의 속울음을 듣는다. 이른 나이에 인연을 떠나보내고 긴 시간 홀로 삶을 일구었을 시인의 서정시는 이렇듯 현실을 살아가는 아픔, 삶과 밀착된 체험들에 관한 독백을 통해 잔잔한 공감을 불러일으킨다.

5.

마침내 중후한 나이에 이른 시인은 고통스럽고 신산한 기억으로부터 벗어나 삶을 성찰하며 얻은 여유와 지혜를 보여준다. 그리고 고향, 어머니의 그리움을 맑은 서정으로 길어올린다.

사진을 찍는다
살짝 올린 입꼬리
반짝 빛나는 눈

사진 찍는다
아, 네 좋습니다
남자도 따라 웃는다

지쳐 있어도
담벼락을 기어오르는 것처럼 힘들어도
사진 찍을 때처럼
웃어주고
눈 감아 줄걸

-「그랬으면 좋았을 걸」 전문

사진이란 한 순간을 잡아 두는 것이다. 롤랑바르트에 의하면 사진의 본질은 '그것이-존재-했음'이다. 사진에 촬영된 대상은 과거에 카메라 앞에 있었다. 하지만 그 대상과 순간은 더 이상 존재하지 않는다. 즉 사진을 보는 것은 죽음, 사라진 대상과 접촉하는 행위이다. 그러므로 사진에 찍히거나 사진을 찍거나 혹은 사진을 본다는 행위 모두는 미래의 순간에 사라진 대상의 존재-했음을 확인하는 일이다.

'사진 찍을 때 웃어주'는 행위는 지금 있는, 내 존재의 사라짐을 무의식적이나마 인식하는 행위이다. 그렇듯 사진에 찍힐 때 웃어주는 것은 시간이 흐른 뒤에도 사진을 보는 자에게 웃는 모습이고 싶은 것이다. 마찬가지로 이 시에는 삶, 그 무상한 사라짐 앞에서 사진을 찍을 때처럼 웃어주지 못할 일이 뭐 있겠느냐는 성찰과 인식이 담겨 있다. 사진 찍히는 일이 무상한 풍경 앞에서 웃어주는 일이듯, 세상에서 그냥 넘어가지 못하는 것을 눈 감아 주는 일도 무상한 삶의 풍경 앞에서 웃어주는 일과 다르지 않다. 그래서 시인은 '지쳐 있어도/ 담벼락을 기어오르는 것처럼 힘들어도' 웃어주고 눈 감아 주고 '그랬으면 좋았을 걸'이라고 후회가 깃든 충고를 들려주기도 한다. 마지막으로 고향과 어머니에 대한 그리움을 담은 시인의 서정적 작품을 살펴본다.

기억 속을 흔드는 신작로 청춘의 풋풋함이 안개 속에 묻혀 희미해져도 바람 속에 얼굴을 부비며 고개 숙인 노란 들판 생생하다 교복치마는 이슬 담은 이삭에 젖어 먹색 하늘이 되고 바람에 흔들리다가 여름 소낙비에 날아든 흙냄새는 콧속을 후빈다

한숨에 그을린 어머니의 품 방울방울 맺힌 땀방울 스미어 눅눅해진 모시 저고리 어머니 냄새를 좇아 마을 어귀에 도착하면 해와 달이 교차하는 시간 사각사각 파르륵 파르륵 댓잎들 노래 귀를 쫑긋하고 듣던 처녀귀신, 총각귀신, 몽달나무 귀신

혼자 밤길 가다 대밭 길 뛰어 시큼한 즙 쪽쪽 빨던 탱자나무 집마당에 들어서면 어머니 생의 행간에 가두어진 허리를 펴고 인자오냐? 긴 터널 터덜터덜 지축의 무게에 대항하며 한 잎 한 잎 꽃잎을 피워내던 툇마루가 있고 마당 한쪽 장독대 꽃밭 나란

히 있는 나의 집 하얀 탱자 꽃 어머니가 웃는다

-「탱자 꽃」 전문

복잡하고 반복된 일상에 지친 현대인에게 맑은 서정이 가능이나 하겠는가. 하지만 시간의 흐름이라는 필터를 끼우고 현재의 일상을 들여다보면 사실, 지금 이 순간이 가장 완벽한 순간이다. 어쩌면 우리는 매순간 완벽하고 충만한 존재로 살아 있지만 번잡한 삶의 물결에 휩쓸리며 진실을 놓치고 만다. 그럴 때 시인들이 들려주는 고향집이나 어머니 이야기는 우리가 놓친 진실의 순간을 일깨우기도 한다. 시인의 기억 속 탱자나무 집마당에는 어머니가 계신다. 일하시느라 땀방울로 눅눅해진 모시 저고리를 입고 허리를 펴시며 귀가하는 딸을 맞이해주시던 어머니다. 신작로, 교복치마, 마을 어귀, 툇마루, 장독대의 이미지는 시인이 살던 아득한 시간으로 우리를 데려간다. 언어를 통해 그 시절을 불러올 수 있는 시인이지만 어머니가 웃는 모습은 더 이상 볼 수 없기에 그리움은 '탱자꽃 어머니가 웃는다'의 결구를 낳는다. 집은 곧 어머니다. '마당 가운데 빨랫줄이 허리를 펴고 누워 있는'(「빈 집」)의 표현도 마찬가지다. 빈집의 마당에 들어서면 어머니 대신 빨랫줄이 허리를 펴고 누워있는 풍경을 보며 이제는 흘러가버린 그 시절과 어머니를 향한 그리움의 정서를 펼쳐내고 있다.

이제까지 김정순 시인의 첫시집에 수록된 시편을 중심으

로 시세계 전반을 일별해보았다. 김정순 시인은 근원적 세계를 지향하는 마음의 형상화를 통해 투명한 빛에 이르고자 하는 지향성을 드러낸다. 삶의 어려움으로 인한 슬픔과 절망 속에서도 그 빛을 향한 내면의 욕망은 현재의 삶을 뛰어넘을 수 있도록 하는 힘이 되었음을 알 수 있다. '투명한 빛'을 향한 정신의 갈고 닦음을 통해 홀로 일군 삶의 아픔을 승화시켰을 시간이 시집 안에 오롯이 담겨 있다.

사는 동안 우리를 아프게 하는 통증은 참으로 다양하다. 특히 예민한 종족일수록 통증은 깊고 오래 지속된다. 시인은 살아가는 동안 타인의 말로 인해 받게 되는 고통을 자주 언급한다. 그러나 그 상처를 가볍게 넘길 수 있는 마음을 형상화함으로써 타인과의 관계맺음을 통해 살아갈 수밖에 없는 세상에서 삶의 지혜를 보여주기도 한다. '눈앞이 캄캄한 날' 어려움을 이겨내는 지혜를 제시한 「바람길」에서는 원초적인 생명의 힘을 품은 바람이 통할 수 있는 마음의 문을 열자고 말한다. 시인은 우리의 마음을 눈앞의 현재에 가두지 말고 바람이라는 근원 세계의 힘에 접속하여 마음자리를 찾아가야 한다는 인식을 보여준다.

나아가 헤어진 인연이 시인의 어깨에 얹어놓은 오래된 통증을 통해 깊은 존재론적 사유를 보여주기도 한다. 우주를 홀로 떠도는 씨앗 같은 존재인 인간이 세상에서 맺은 만남과 헤어짐의 인연과 그 신비에 대한 자각을 형상화한다. 이러한 삶의 성찰을 통한 지혜와 그리움의 정서를 표현하는 모든 시편들은, 시인의 삶의 경험이 녹아 있는 진솔한 기록

이어서 더욱 진정성 있게 다가온다. 삶의 궤적에서 한편한편 길어 올린, 이 시편들은 인간적인 삶을 갈구하거나 상처를 치유하기 위한 마음에서 비롯된 노래이다. 그러나 시인의 시는 결국, 인간적인 삶을 구현하기 위한 희망의 노래가 되고, 상처받은 영혼을 위로하는 치유의 노래가 되어 우리에게 전달된다.

첫시집 발간이 계기가 되어 김정순 시인의 언어에 더욱 힘이 실려지길 바라는 마음이 크다. 앞으로도 자신만의 서정을 담은 진정성 있는 목소리가 더욱 밀도 있는 언어의 구축을 통해 감동으로 전해지길 바라며 발전된 행보를 기대한다.

달빛을 훔쳐 허기를 채우다

찍은날 2022년 2월 20일
펴낸날 2022년 2월 25일
지은이 김성순
펴낸이 박몽구
펴낸곳 도서출판 시와문화
주 소 13955 경기 안양시 동안구 경수대로883번길 33,
103동 204호(비산동, 꿈에그린아파트)
전 화 (031)452-4992
E-mail poetpak@naver.com
등록번호 제2007-000005호(2007년 2월 13일)
ISBN 978-89-94833-78-1(03810)

정 가 12,000원